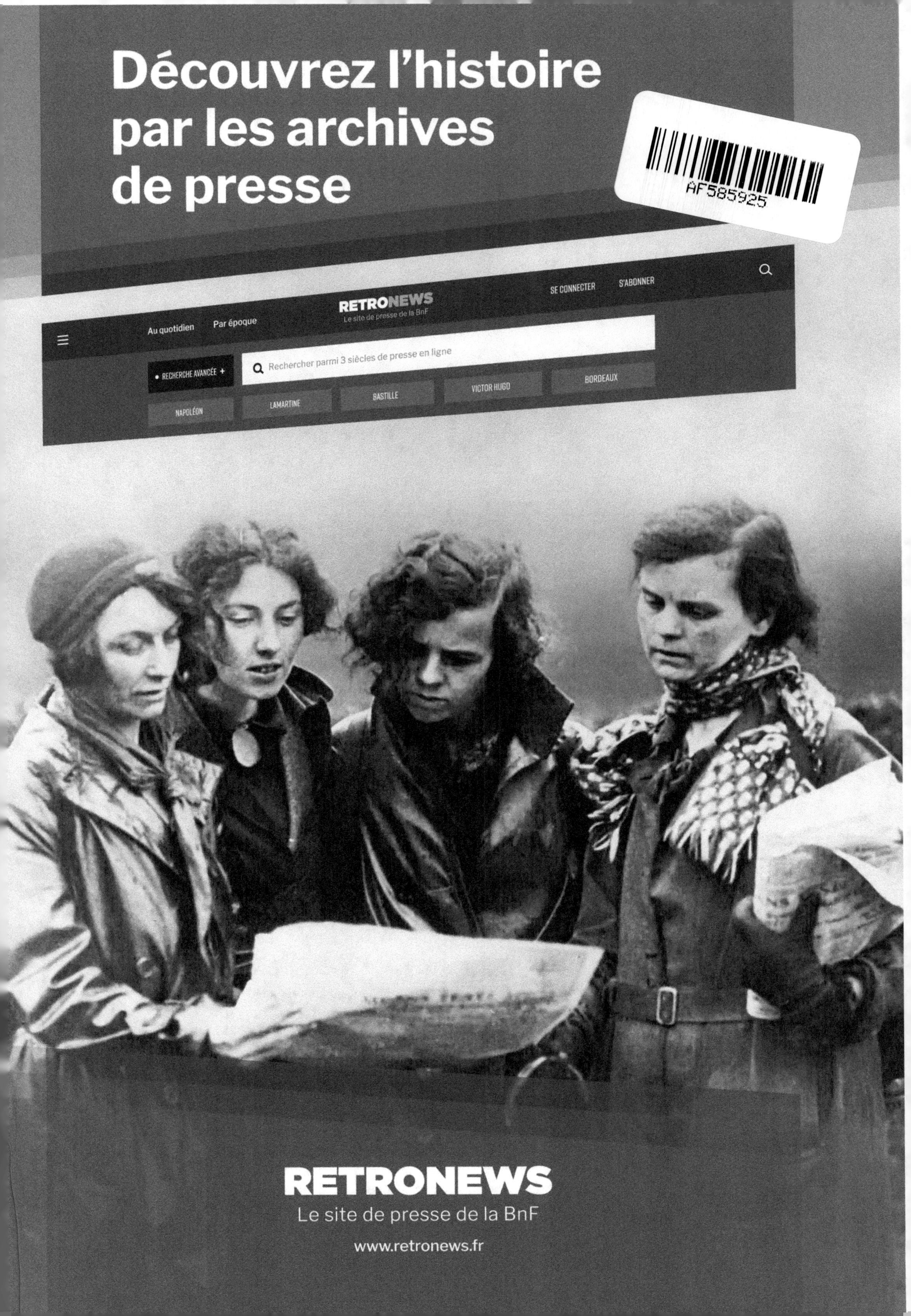

# LE CHANSONNIER

DU

# TOUR DE FRANCE

PAR

DES COMPAGNONS DE TOUS LES MÉTIERS
ET DE TOUS LES DEVOIRS

POUR FAIRE SUITE

AU LIVRE DU COMPAGNONNAGE

---

**Cahier N° 2.**

---

> Entre nous plus d'antipathie,
> Plus de querelles, de combats,
> Que la douce paix nous rallie,
> Que la plus parfaite harmonie
> Règne entre tous les corps d'états.
>
> VENDÔME-LA-CLEF-DES-CŒURS,
> Compagnon *Blancher-Chamoiseur*
> *du Devoir.*

---

**PRIX : 30 CENTIMES**

---

PARIS

AGRICOL PERDIGUIER, ÉDITEUR

38, RUE TRAVERSIÈRE, 38

(Faubourg St-Antoine)

1858

# AVIS

—

Voir sur l'autre moitié de la couverture tous les ouvrages et les gravures que l'on peut se procurer en s'adressant à l'éditeur du *Chansonnier du Tour de France.*

On doit écrire *franco* et envoyer le montant, on recevra sans aucun retard tout ce qu'on aura demandé.

# LE CHANSONNIER

DU

# TOUR DE FRANCE

PAR

DES COMPAGNONS DE TOUS LES MÉTIERS
ET DE TOUS LES DEVOIRS.

**Cahier N° 2.**

AGRICOL PERDIGUIER, ÉDITEUR, rue Traversière, 38, Paris.

Entre nous plus d'antipathie,
Plus de querelles, de combats,
Que la douce paix nous rallie,
Que la plus parfaite harmonie
Règne entre tous les corps d'états.

VENDÔME-LA-CLEF-DES-CŒURS.

# CHANSONS.

## O VIEUX DEVOIR, TU SERAS ÉTERNEL !

AIR : Sonnez, clairons, la gloire nous appelle.

Dignes doyens du beau Compagnonnage,
Le verre en main, répétez dans vos chants :
Le beau Devoir passera, d'âge en âge,
Jusqu'aux enfants de nos petits-enfants.

O trinité planant sur le saint temple,
*Jacques*, *Soubise*, ô grand roi *Salomon* !

Votre ombre ici peut-être nous contemple,
Touchez ma lyre et dictez ma chanson.
Sans divulguer un seul de nos mystères,
Je veux montrer que l'ordre du *Devoir*,
Comme le monde aussi vieux déjà, frères,
Autant que lui vivra, j'en ai l'espoir.
Dignes doyens, etc.

Ces simples mots : Mystère et Poésie,
Pour le Devoir embrasent bien des cœurs!...
Venu jadis de la mystique Asie,
Le beau Devoir poétisa nos mœurs.
Cet Ordre saint, source de notre ivresse,
Jérusalem, frères, fut son berceau.
Il est bien vieux, et pourtant la jeunesse
Se presse encor sous son noble drapeau.
Dignes doyens, etc.

Qu'est devenu le grand Ordre de Malte?
Vous, Templiers, nés jadis parmi nous?
Par la pensée, ici donc faisons halte...
Ordres puissants, mais où donc êtes-vous?...
Ils ne sont plus. Interrogez l'histoire :
Un roi brisa leur institution;
Ce roi, jaloux de leurs biens, de leur gloire,
Les a punis de leur ambition!
Dignes doyens, etc.

Les Templiers rêvaient grandeurs, puissance;
Nous, nous rêvons travail, fraternité...
Tout le secret de ta longue existence,
O vieux Devoir, c'est ta simplicité!
Des ordres vains, autrefois si splendides,
Nés après nous, beaucoup n'ont plus d'autels...
Toujours assis sur tes bases solides,
Toi, vieux Devoir, tu seras éternel!
Dignes doyens, etc.

Vieux Compagnons, le temps grise vos têtes,
Mais par le cœur nul de vous n'est vieilli;
Pour le malheur, ainsi que pour les fêtes,
Chez vous toujours le cœur a tressailli.
Ah! Dauphiné-la-Clef-des-Cœurs espère
Vieillir ainsi chez les Ferrandiniers;

Et si son chant n'est pas trop téméraire
Applaudissez et chantez les premiers :
Dignes doyens, etc.

Par GALIBERT, dit *Dauphiné-la-Clef-des-Cœurs*,
Compagnon Tisseur-Ferrandinier du Devoir.

La chanson que voilà a été chantée pour la première fois au banquet des anciens Compagnons de la ville de Vienne, le jour de la Saint-Jacques. A. P.

---

## CHANT DES TISSEURS-FERRANDINIERS.

AIR : Elle aime à rire, elle aime à boire, etc.

Quand le quinze d'août nous rassemble
Au sein d'un banquet si joyeux,
Le verre rempli de vin vieux,
Frères, gaîment trinquons ensemble.
A notre art offrons des lauriers;
Ce n'est pas tout que de bien boire:
En ce beau jour chantons la gloire
Des Compagnons Ferrandiniers. } *bis.*

On inventa la *Ferrandine*
Pour la reine Marie Stuart...
Ah ! bien mieux vaudrait pour notre art
Une moins lugubre origine.
Mieux valait être les ouvriers
De la reine du roi Grégoire;
Mais n'importe, chantons la gloire
Des Compagnons Ferrandiniers. } *bis.*

Parons nos maîtresses jolies
De rubans aux vives couleurs;
Notre art leur offre ses primeurs,
Par nous elles sont embellies.
A l'ombrage des marronniers
La tendresse nous verse à boire.
Chantons l'amour, chantons la gloire
Des Compagnons Ferrandiniers. } *bis.*

Du beau pays de Cachemire,
Nos beaux châles portent le nom;

Mais aujourd'hui c'est à Lyon
Qu'est le siége de leur empire.
Du beau pays des bananiers
Pourtant respectons la mémoire;
Il fut vaincu, mais par la gloire } *bis.*
Des Compagnons Ferrandiniers.

Beaux ouvrages de *Saint-Etienne*,
*Paris* vous imite tout bas;
*Tours* fait brocatelle et damas;
Le drap vient d'*Elbeuf* et de *Vienne*.
Partout gagnons de beaux deniers!
Le Rhône, la Seine, la Loire,
Sur leurs bords rediront la gloire } *bis.*
Des Compagnons Ferrandiniers.

Qu'elle est belle notre science!
De nos tissus quel riche essaim...
Au tour gracieux du dessin
Se joint l'éclat de la nuance.
Notre art, déjà l'un des premiers,
Peut grandir encor, j'aime à croire.
Ah! qu'il grandisse pour la gloire } *bis.*
Des Compagnons Ferrandiniers.

Aux DEVOIRS nous rendons hommage,
En tissant leurs signes flatteurs:
Je veux parler de nos couleurs,
Insignes du Compagnonnage.
Nous ne serons pas les derniers,
Compagnonnage, en ton histoire;
Une page dira la gloire } *bis.*
Des Compagnons Ferrandiniers.

Si notre art, qui fleurit en France,
N'est peint dans ces couplets flatteurs,
Pour Dauphiné-la-Clef-des-Cœurs,
Mes frères, un peu d'indulgence...
Il n'aspire pas aux lauriers
Promis au temple de mémoire;
Mais il se consacre à la gloire } *bis.*
Des Compagnons Ferrandiniers.

Par le même.

## LES CONSTRUCTEURS DU MOYEN AGE.

AIR : Bacchante aimable, ou de Glycère.

Allons, mes frères,
Tous en prières,
Ce beau matin
Invoquons l'Etre souverain !
Et puis à l'œuvre !...
Et les chefs-d'œuvre
Fruits de nos mains
Iront réjouir les humains.
Et puis à l'œuvre !... } *bis.*
Et les chefs-d'œuvre }
Fruits de nos mains
Iront réjouir les humains.

C'est sur la terre orientale,
Aux alentours du Mont-Liban,
Que notre ruche matinale
Devint l'espoir de l'artisan.
Allons mes frères, etc.

Mais nous avons franchi l'espace,
Foulé la pierre et le gazon,
En nous ouvrant avec audace
Dans l'Europe un large sillon.
Allons, mes frères, etc.

Où nous passons reste une trace...
Nos bras sont nerveux et puissants ;
Et nous répandons dans l'espace
Des travaux, œuvres de géants.
Allons, mes frères, etc.

Nous allons de la Ligne au pôle,
De l'Orient à l'Occident ;
Nos mains élèvent la coupole,
Jettent le pont, le monument.
Allons, mes frères, etc.

Aiguilles, tours, flèches, tourelles,
Nefs sonores, dômes hardis,

Autels, bancs, chaires des plus belles,
Disent nos noms en tous pays.
  Allons, mes frères, etc.

Cologne, Strasbourg, Milan, Rome,
Chartres, Paris, Rouen, Lyon,
Et mille cités qu'on renomme
Se souviennent du Compagnon.
  Allons, mes frères, etc.

Les élus du Compagnonnage
Sont nos architectes chéris,
Ils nous dirigent à l'ouvrage,
Ils sont nos chefs et nos amis.
  Allons, mes frères, etc.

Tout s'ennoblit sous ces grands maîtres...
Dans leurs poitrines bat un cœur ;
Comme eux, de l'art soyons les prêtres,
Le travail donne de l'honneur.
  Allons, mes frères, etc.

Nos œuvres sont-elles finies?
Gourde au côté, cannes en mains,
Nos légions, troupes choisies,
Roulent sur de nouveaux chemins.
  Allons, mes frères, etc.

Sur nos dos nos outils bruïssent,
Ils sont nos champs, ils sont notre or,
Et nos âmes se réjouissent
A l'aspect de ce beau trésor.
  Allons, mes frères, etc.

Quel bonheur de laisser au monde
La preuve que l'on a vécu ;
Quand l'un détruit, l'ouvrier fonde :
« Honneur à lui! » dit LA-VERTU.
  Allons, mes frères, etc.

Par AGRICOL PERDIGUIER, dit *Avignonnais-la-Vertu*,
Compagnon Menuisier du Devoir de Liberté.

Des travailleurs m'ont dit que ma chanson des *Constructeurs* ne serait pas chantée, parce que, dans le refrain, je parle de prières et de l'Etre souverain, et que les ouvriers n'aimaient pas cela. Si le seul nom de Dieu indispose, où allons-nous donc? Cependant je tiens compte de l'observation, et je donne la variante que voici :

Allons, mes frères,
Sur ces bruyères,
Ce beau matin
Activons un frugal festin.
Et puis à l'œuvre, etc.

Je le déclare, je préfère mon texte à la variante, parce qu'il est dans l'esprit du temps où l'on construisait les plus magnifiques cathédrales du monde, et qu'enfin il faut élever la pensée. On l'a dit : La foi transporte les montagnes; j'ajoute : Le scepticisme conduit à l'impuissance et aux misères sans nombre et sans fin. A. P.

---

## LA SCISSION DU COMPAGNONNAGE.

AIR : Salut drapeau de la patrie.

Il fut un seul Compagnonnage,
Studieux, hardi, puissant;
Il voyageait avec courage,
Déployant et force et talent.
C'était la cohorte ouvrière,
L'aimant de tous les nobles cœurs,
Portant une seule bannière,
Abritant tous les travailleurs.

Amis, plus de sang, plus de guerre,
De Dieu respectons les faveurs;
Il nous fit pour orner la terre :
La paix, la paix, unissons nos couleurs!

Un jour des scissions éclatèrent,
D'un camp se forma plusieurs camps,
Et les Compagnons invoquèrent
Des chefs, des Codes différents.
D'abord on lutta de science,
Pour arme on avait les talents,
Et l'on vit sur un sol immense
Surgir de nombreux monuments.
Amis, plus de sang, etc.

Mais cette fougue souveraine,
Cette extrême émulation,
Enfanta l'envie et la haine,
Troubla le cœur du Compagnon.
Ce fut un règne de colère.....
Confusion, trouble en tous lieux,
Le frère méconnut son frère,
Au ciel pleurèrent nos aïeux.
Amis, plus de sang, etc.

Ouvriers sur bois, fer ou pierre,
Compagnons de tous les états,
Poussèrent un long cri de guerre :
Partout des meurtres, des combats...
Le cerveau perdit sa puissance,
Dans nos rangs souffla la fureur,
Et sur tous les points de la France,
Chacun déplora notre erreur.
Amis, plus de sang, etc.

Remontons à notre origine,
Soyons dignes de nos aïeux ;
Compagnons de la Palestine,
Marchons à la clarté des cieux.
Aimons-nous bien sur cette terre,
Propageons la fraternité,
Et l'Avignonnais, votre frère,
Sera dans la félicité.
Amis, plus de sang, etc.

Par le même.

---

## LA FUSION DE TOUS LES CORPS D'ÉTATS.

*Dédiée à* Avignonnais-la-Vertu.

Air : Plaignez la veuve du marin.

Accourez tous, Bardes du Tour de France,
A mes accents mêlez vos gais transports ;
A ce banquet venez faire alliance,
De l'atelier prenez tous vos essors.

Venez, venez ouvriers de tout âge,
Jeunes et vieux, accourez en chantant ;
La fusion du beau Compagnonnage,
C'est le bonheur de nos petits-enfants.

Asseyez-vous, vous qui taillez les pierres,
Près des Doleurs et des vieux Chapeliers;
Voici venir encore d'autres frères,
Accueillons-les, ce sont les Boulangers.
Place aussi pour le beau Corps du Tissage,
Mettons-les près des Maréchaux-Ferrants.
La fusion, etc.

Serrez les rangs, enfants de l'industrie,
Pour recevoir les Tondeurs, les Cordiers,
Et les Charpentiers, enfants du génie,
Donnant le bras aux Compagnons Bottiers.
Saluons-les, mes amis, au passage;
Les Quatre Corps viennent précédemment.
La fusion, etc.

De ce banquet, mes amis, je prends acte;
Je le déclare en ce jour solennel;
Sanctifions le Tour par un bon pacte,
Par un bonheur à jamais éternel.
Et nos neveux auront pour héritage
Notre amitié, nos plaisirs attrayants.
La fusion, etc.

Vous, Vitriers, plantez là vos bannières,
Près des Vanniers, comme les Chamoiseurs,
Vous serez près des Serruriers, vos frères,
Et vous aurez à droite les Fondeurs,
Les Bourreliers connus par leurs lois sages,
Les Sabotiers par leurs bons arguments.
La fusion, etc.

Aux fusions des classes laborieuses,
Je crois toujours, en Régénérateur.
Je crois enfin qu'elles seront heureuses,
Comme je crois en Dieu notre Seigneur,
Ne taxez pas Libourne d'utopie,

Des ouvriers il voudrait l'union;
Il donnerait le reste de sa vie,
Pour voir un jour la grande fusion,

Par Arnaud, dit *Libourne-le-Décidé*,
Compagnon boulanger du Devoir.

Il y a trois chansons de Libourne-le-Décidé dans le *Livre du Compagnonnage*, une dans le tome premier, deux dans le tome second. A. P.

---

## LE PARADIS.

Air de la rose de Bretagne.

Jeune, faible en raison,
Je méditais souvent mon rôle;
Chacun me trouvait drôle
Quand je parlais de compagnon.
Si mon projet s'arrête,
Trop faible par les ans,
Je l'ai bien dans la tête,
Et quand je serai grand
Je ferai le Tour de France
Pour connaître le pays;
Je me donne l'assurance,
D'y trouver le paradis.

Mes vingt ans accomplis,
Vite je me rends chez la Mère...
C'était la saint Sévère...
Les compagnons sont réunis.
En entrant dans le temple
De cette déité,
Maître Jacques contemple
Le sujet présenté.
A la première étincelle,
Tout aussitôt je me dis,
A genoux devant la chapelle:
Déjà je suis au paradis.

Sur le Tour, de Bacchus
J'ai visité plus d'une treille,

Et plus d'une bouteille
A supporté mes oremus.
Que les vins de Bourgogne,
De la Loire et Médoc,
Vous rougissent la trogne ;
Moi, ceux du Languedoc ..
D'une simple chopinette,
Je me sentais engourdis,
Et j'avoue que sa clarette
M'envoyait au paradis.

Je me souviens qu'un jour,
Avec Sophie, sous un vieux chêne,
Est approché sans gène
Auprès de nous le dieu d'amour.
A la vue de ses armes,
Je vis danser son cœur,
Je vis couler ses larmes,
Mais c'était de bonheur.
Voulant me prouver son zèle,
Elle m'offre son appui ;
Et, protégé de ma belle,
Je pus aller en paradis.

C'est par toi, Perdiguier,
Que j'ai pu lire cet ouvrage
Sur le Compagnonnage,
Qui sut si bien m'édifier.
Ta morale si pure
Et tes sages leçons,
Sont de très bon augure
Pour tous les Compagnons.
Tu ne peux, sur cette terre,
Connaître tous tes amis,
Mais tu les verras, j'espère,
Tous un jour au paradis.

L'auteur, pour passer l'eau,
A Caron montre la gondole.
Mais n'ayant point d'obole,
Il lui refuse son bateau ;
Quand dessus l'autre rive,
Maître Jacques l'appela,

Fallut, sans récidive,
Que le vieux me passa,
Bien-Décidé voit la grille
Et reconnaît ses amis;
Étrangers, Passants et Drilles,
Le conduisent au paradis.

Par Brault, dit *Bien-Décidé-le-Briard*,
Compagnon Toilier du Devoir.

Brault m'écrivit en 1840, je lui répondis; il vint me voir et m'apporta une chanson de sa composition, intitulée : *Ne formons qu'un faisceau*. Nos idées étaient conformes; quant à la chanson en elle-même, je lui fis des observations. Je lui dis qu'il avait des pensées, des sentiments, la tournure poétique, mais que ses vers n'avaient ni mesures ni césures, et que les hiatus ne manquaient pas. Enfin je pris un volume de poésies, et en comptant les syllabes sur mes doigts, je lui fis comprendre et la mesure et le mécanisme des vers. Bien-Décidé-le-Briard ignorait tout cela, il en fut effrayé et crut devoir renoncer à la chanson. N'en faites rien, je lui dis; il y a de l'étoffe en vous, et vous réussirez. Brault reprend courage. Il emporte sa chanson, il la rapporte; autres observations. Il s'en va et revient; encore de la critique. Bien-Décidé persiste et finit par bien faire. Combien à sa place se fussent retirés blessés de mes observations toutes bienveillantes!... C'est pour les Compagnons intelligents et bien disposés, mais mal servis par leurs études, que j'ai mis dans le *Livre du Compagnonnage* un *Dialogue sur la versification*; puissent-ils l'étudier et en profiter. Bien-Décidé-le-Briard m'était très attaché et très dévoué; je le voyais fréquemment; il me soumettait tout ce qui sortait de sa plume, et, il faut le dire, il faisait de mieux en mieux. Cet homme à la figure énergique, aux allures toutes militaires, d'un caractère si franc, si loyal, à l'esprit si gai, nous l'avons perdu en 1849. Il y a de lui huit chansons dans le *Livre du Compagnonnage*, deux dans le tome premier et six dans le tome second. Elles doivent attirer l'attention des Compagnons.

Il me reste de Bien-Décidé quelques chansons encore en manuscrit, que je reçus de ses mains à différentes époques; elles orneront le *Chansonnier du Tour-de-France*, elles le rappelleront au souvenir du Compagnonnage, et nous lui rendrons le juste hommage qu'il a si bien mérité. A. P.

## LA FRATERNITÉ OUVRIÈRE.

AIR des trois couleurs; ou t'en souviens-tu.

Mes chers amis, c'est au sein de la gloire
Que le guerrier se couvre de lauriers;
Mais entre nous, la plus belle victoire
C'est l'unité de tous les ouvriers.
Oublions donc ces guerres fratricides,
Et tout ce sang rougissant le pavé...
Car Dieu nous dit : « Je punis l'homicide. »
Rallions-nous par la fraternité.

Plus de combats, plus de sang, plus de larmes;
Abordons-nous en nous tendant la main :
Du voyageur dissipons les alarmes,
Qu'il puisse en paix poursuivre son chemin.
Si des abus ont égaré nos pères,
Agissons donc en pleine liberté,
L'isolement n'engendre que misères,
Le bonheur naît de la fraternité.

Rivalisons de force et de courage
Pour le travail, notre pain quotidien;
Avec ardeur rendons-nous à l'ouvrage,
C'est le devoir de tout homme de bien.
L'oisiveté engendre tous les vices,
Le paresseux connaît la pauvreté,
Car, malgré lui, il subit ses caprices,
Puis il est nul pour la fraternité.

Longtemps déchus, redevenons des hommes;
L'instruction fera notre bonheur;
A l'insolent prouvons donc que nous sommes
Des citoyens et des hommes de cœur...
Libres surtout dans notre conscience,
Ayons chacun notre société;
On doit toujours respecter la croyance,
On peut s'unir dans la fraternité.

Quand le progrès, dans sa marche rapide,
De ses rayons éclaire l'univers,
Nous resterions sous le joug stupide

Des préjugés qui nous forgent des fers?...
Formons, amis, une sainte alliance,
Je vous le dis avec sincérité :
Par nos travaux faisons fleurir la France,
Nous le pouvons par la fraternité.

Par BENJAMIN LAFAYE, Menuisier à Castillon-sur-Dordogne (Gironde).

---

## LES POÈTES.

AIR : Un sous-lieutenant.

A l'amitié élevons tous nos verres,
Trinquons, buvons, gais enfants du Devoir ;
Fraternisons, vivons tous en bons frères,
Que l'union soit notre seul espoir.

Joyeux Compagnons, enfants de Jacque et de Soubise,
Du grand Salomon soyons les rejetons.

Depuis longtemps la discorde ennemie
Versait sur nous son fiel et son aigreur;
Bannissons-la, que la haine et l'envie
Ne viennent plus troubler notre bonheur.
Joyeux Compagnons, etc.

D'*Avignonnais* écoutons la doctrine,
Et de *Vendôme* dit la *Clef-des-Cœurs*;
Suivons toujours la morale sublime
Qu'ils ont puisée aux divins Fondateurs.
Joyeux Compagnons, etc.

Que ces amis soient placés dans l'histoire :
*Bien Décidé*, né sur le sol *Briard*,
Et puis *Capus*, émule plein de gloire,
Qu'on surnomma si bien l'*Ami-des-Arts*.
Joyeux Compagnons, etc.

De *Bien-Aimé*, parisien, plein de zèle,
Avec entrain répétons les chansons;
A nos Devoirs soyons toujours fidèles,
Et tous en chœur chantons à l'unisson :
Joyeux Compagnons, etc.

La probité sera notre bannière,
La loyauté sera notre Devoir,
Le dévoûment pour nos amis et frères,
Voilà le but que nous devons avoir.
Joyeux Compagnons, etc.

De *Cœur-d'Amour* excusez la franchise ;
Si ces couplets par vous sont accueillis,
Il faudra bien que ses vœux s'accomplissent,
Et qu'un beau jour vous soyez tous unis.
Joyeux Compagnons, etc.

Par AMAND, dit *Guêpin Cœur-d'Amour*,
Compagnon Sabotier du Devoir.

---

## AIMONS-NOUS.

AIR : Bayard est mort.

Il disait à l'âge qui passe :
Entraîne ton obscurité ;
A notre siècle plein d'audace,
La paix et la fraternité!!...
O nous que l'art attire aux vents du monde,
Pauvres, sans guide et sans soutien,
Bons ouvriers, qui chantons à la ronde,
Aimons-nous bien. *(bis)*

Aimons-nous, et puisse l'envie
Marquer un terme à ses erreurs ;
L'ingrate insulte notre vie
Pour mieux exploiter nos labeurs...
L'ère d'amour pour nous grandir commence,
Du cœur serrons le doux lien ;
Bons ouvriers, qui parcourons la France,
Aimons-nous bien. *(bis)*

Il disait : Devant nos merveilles
Oscille un vieux monde incertain...
Vient le progrès : Essaims d'abeilles !...
Je suis l'étoile du matin !...
Par la vapeur en remorquant le doute,

Il dit : ce peuple, c'est le mien...
Et son flambeau brille sur notre route,
Aimons-nous bien. (*bis*)

Aimons-nous ! l'âme est agrandie
Pour l'ère où tout marche et s'unit,
Elle inspire au feu du génie
L'amour qui console et bénit.
La liberté, pour suspendre ses armes,
Dit au travail : Sois mon gardien...
Bons ouvriers, le grand œuvre a ses charmes,
Aimons-nous bien. (*bis*)

Par JACQUEMIN, COMTOIS, mécanicien.

M. Jacquemin a été parmi les Compagnons Serruriers du Devoir de Liberté en qualité d'Affilié ; mais cette société de Serruriers étant peu nombreuse, il lui arriva de manquer de travail ; alors il se fit embaucher par les Sociétaires de l'Union ; il a donc appartenu à deux Sociétés de formes très différentes, et cependant il a gardé de la sympathie, de l'amour, et un bon souvenir pour toutes deux. Il y a trois de ses chansons dans le *Livre du Compagnonnage* ; elles donnent la certitude de ce que j'avance. A. P.

---

## SOYONS TOUS FRÈRES.

AIR :

Unissons-nous, soyons tous frères,
Soulageons-nous dans le malheur ;
Vive l'écho du travailleur,
Chassons les abus de nos pères.

Vous travailleurs qui cherchez la science,
Qui voyagez pour cultiver les arts :
En sillonnant tous les pays de France
Vous construisez des chefs-d'œuvre épars.
Vous qui siégez au temple des lumières,
Et qui d'un chef prônez le souvenir ;
Par les vertus il créa nos mystères,
Pour nous aimer, non pour nous désunir.
Unissons-nous, etc.

D'un grand palais il était l'architecte,
Tout comme lui nous cherchons le talent;
Unissons-nous, que tout esprit de secte
Soit réfuté par l'homme intelligent.
Combien de nous par de viles querelles
Sont descendus au séjour des tombeaux;
Changeons nos mœurs, que nos voix fraternelles
Forment un jour un remède à nos maux.
Unissons-nous, etc.

Pourquoi donner ces noms, ces épithètes:
Chiens, Loups, Renards, Espontons, Renégats?
Que les accords qui dirigent nos fêtes
Fassent un jour cesser tous ces combats.
Cessons, amis, cessons de faire rire,
Que de nos chants sorte la vérité;
Nos ennemis, que ces noms font sourire,
Seront vaincus par la fraternité.
Unissons-nous, etc.

Mes chers pays, notre devise est belle:
Sagesse, amour, union et Devoir;
Suivons-la donc, marchons sous sa tutelle,
Et dans nos cœurs reflétons ce miroir.
Faisons des vœux, que de justes idées
A l'avenir brillent pour l'ouvrier.
Permettez-moi de signer ces pensées:
L'Urbanité, Compagnon Sabotier.
Unissons-nous, etc.

Par Vigounoux, dit *Agenais-l'Urbanité*.
Compagnon Sabotier du Devoir.

---

## MON DÉSIR.

Air : Balayons.

Jeunesse persévérante,
Venez augmenter nos rangs;
Notre art souffre de l'attente
D'éloigner les indolents.
Ils convoitent, je parie,

Le champ que nous cultivons;
Pour saper leur envie
Parvenez, Compagnons,

Jeunes gens, artisans
De notre industrie ;
Talents et savoir
Ouvrent le sentier du Devoir.
Accourez, admirez ;
Le nœud qui nous lie
Conduit à souhait
Nos pas vers un bonheur parfait.

Comme vous d'impatience
Que mon cœur était brûlant ;
Au temple de la science
Je parus presqu'en tremblant.
Par ma conduite exemplaire,
Et de bonnes actions,
J'eus le titre de frère,
Et je suis Compagnon.
Jeunes gens, etc.

Le Devoir à l'homme sage
Offre un appui généreux ;
Les lois du Compagnonnage,
Soutiennent les malheureux.
L'orphelin trouve une mère
Au sein de notre union,
Et l'aspirant un frère
Dans chaque Compagnon.
Jeunes gens, etc.

Le Devoir nous donne encore,
O artistes travailleurs,
L'amitié qui nous honore
Et l'espoir d'un sort meilleur.
Au progrès de l'industrie,
Marchons d'un pas vigilant,
Par la philantropie,
Et l'amour du talent.
Jeunes gens, etc.

Enfin, de mon espérance
Je vois naître mille fleurs,

Et sur le beau Tour de France
Briller en paix nos couleurs.
De Lyonnais le Fidèle
Suivez les douces leçons,
Et la saison nouvelle
Vous verra Compagnons.
Jeunes gens, etc.

Par Guait, dit *Lyonnais-la-Fidélité*, Compagnon
Tisseur-Ferrandinier du Devoir.

---

## UNISSONS-NOUS PAR LA FRATERNITÉ.

*Dédiée à* Perdiguier.

Air : *T'en souviens-tu.*

O Perdiguier, ta plume vertueuse
Sut réformer de barbares abus ;
De ses efforts ton âme généreuse
Doit maintenant recueillir les tributs.
Puisque chacun, admirant ton ouvrage,
Sent dans son cœur grandir l'humanité :
Honneur à toi ! tout le Compagnonnage } *bis.*
S'unit au sein de la fraternité.

L'homme insensé, dans ta noble entreprise,
Fier d'un hochet, aveuglé par l'orgueil,
En nord fougueux voulait changer la brise,
Et ton esquif, le lancer vers l'écueil.
Mais le soleil a dissipé l'orage,
Et c'est à toi que l'on doit la clarté :
Honneur à toi ! tout le Compagnonnage
S'unit au sein de la fraternité.

Tous embarqués sur une mer nouvelle,
Sous un ciel pur chaque nef touche au port ;
Au gouvernail ta main toujours fidèle
Montre déjà les douceurs de l'abord.
Pour garantir tes enfants du naufrage,
Tu bravais seul un souffle détesté :

Honneur à toi ! tout le Compagnonnage
S'unit au sein de la fraternité.

Par Charles Sergent, cultivateur à Montbard
(Côte-d'Or).

---

## LE NOUVEAU COMPAGNON.

Air : Des trois couleurs.

Depuis longtemps Aspirant plein de zèle
Dans un Devoir immortel et sacré,
A mon serment je resterai fidèle,
Car à lui seul je me suis consacré.
Ah ! beau Devoir ! soutiens mon existence...
En ce beau jour je révère ton nom,
Tu as enfin couronné ma constance
En me donnant (*bis*) le nom de Compagnon.

Combien de fois j'ai désiré connaître
De ces mystères quelle était la grandeur.
Un jour viendra, me disais-je, peut-être,
Ce grand secret régnera dans mon cœur.
Pour parvenir dans cette auguste enceinte,
De tous les vices il faut faire abandon ;
Il faut agir franchement et sans crainte
Pour obtenir (*bis*) le nom de Compagnon.

Ce nom chéri qui embellit ma vie,
Jusqu'à la mort fera battre mon cœur ;
Et désormais je vivrai sans envie
Puisque lui seul fera tout mon bonheur.
Quel avenir à mes yeux vient de naître !
Dans le lointain quel brillant horizon !
Tout aujourd'hui est changé dans mon être
En recevant (*bis*) le nom de Compagnon.

Je partirai le cœur plein de courage
Pour illustrer le Devoir et mon nom ;
Je vieillirai dans le Compagnonnage,
Où je verrai d'illustres rejetons.
Oh ! mes Couleurs, symbole d'alliance !

Comme un soleil vous lancez des rayons !...
Et sur mon cœur ferez le Tour de France
Pour propager (*bis*) le nom de Compagnon.

Pour ces couplets, ayez de l'indulgence ;
Un Compagnon Tisseur-Ferrandinier,
Que l'on nomma Lyonnais-la-Prévoyance,
Vous la réclame, daignez lui accorder.
Vous, aspirant à ce titre que j'aime,
De la sagesse écoutez la leçon ;
Et Maître Jacques, par un divin baptême,
Vous donnera (*bis*) le nom de Compagnon,

Par Berne, dit *Lyonnais-la-Prévoyance*, Compagnon Tisseur-Ferrandinier du Devoir.

---

## L'ASCENSION.

Air de la Manole.

Voyez à l'horizon qui brille,
Aux ailes de feu, qui sourcille,
Et cette étoile qui scintille,
Flambeau planant sur l'univers :
Elle se lève au sein de l'ombre
Et vient éclairer la pénombre ;
Un ciel d'azur chasse un ciel sombre,
Admirons ses rayons divers.

Fils du vieux temple,
On nous contemple,
Que notre exemple
Soit imité;
Et qu'on redise
Cette devise :
Amour, franchise,
Fraternité !
Allons, enfants de Salomon,
Rions, chantons, célébrons la sagesse;
C'est aujourd'hui l'Ascension,
Fêtons le jour de la réception.

Que la vertu soit votre guide
Et la sagesse votre égide ;
Soyez comme des Héraitides
Pour le compas et le crayon ;
Sachez montrer votre science
Au faible encor dans l'ignorance..
Repousser toujours la jactance,
Est le devoir d'un Compagnon.
   Fils du vieux temple, etc.

Initiés, nouveaux confrères,
Vous connaissez tous les mystères
Des Compagnons tailleurs de pierres.
Disciples du grand Salomon.
Que nos chants lui rendent hommage,
Puisqu'il nous légua pour partage
Ce beau Devoir pour héritage ;
Rendons-nous dignes de son nom.
   Fils du vieux temple, etc.

Grand fondateur de notre école,
Ton front brille de l'auréole,
Des Judéens tu fus l'idole,
Premier propagateur des arts.
Assis au temple de mémoire,
Ton sceptre rayonne de gloire ;
Comme l'ange de la victoire
Sur nous tu fixes tes regards.
   Fils du vieux temple, etc.

A ce que rapporte l'histoire,
Il n'a pas défendu de boire,
Ni d'aimer la femme, il faut croire,
Car lui-même avait un sérail
Orné de plus de trois cents filles,
De la contrée les plus gentilles,
Prodiguant appas au roi Drille,
Cheveux d'ébène et dents d'émail.
   Fils du vieux temple, etc.

Après notre cérémonie,
Chantons tous avec harmonie
Et le travail et le génie,
L'amour, le vin et la beauté ;

Vidons encore une bouteille,
Et qu'elle soit grosse et vermeille,
Honorons le jus de la treille
Qui donne bonheur et gaîté.
Fils du vieux temple, etc.

Par ESCOLLE, dit *Joli-Cœur-de-Salernes*,
Compagnon étranger Tailleur de pierre.

Les Compagnons Étrangers Tailleurs de pierre sont les amis des Compagnons Menuisiers du Devoir de Liberté, et cependant, avant mon départ de France pour la terre étrangère, pas un seul membre de cette Société ne m'avait encore écrit à propos de mes livres et de mes projets de réforme. Étant à Genève, en 1852, je reçus trois chansons des plus fraternelles sur le Compagnonnage, avec une jolie lettre d'envoi, écrite en vers et par stances. Tout cela était signé : Joli-Cœur-de-Salernes. Je fus charmé de cette aimable attention. Escolle me disait :

« Je vous envoie ci-joint trois chansons bien modiques,
Leurs couplets, je le sais, sont très peu poétiques;
Mais je serais content
S'ils méritaient de vous quelques mots de réponse,
Fussent-ils seulement une rude semonce
De l'ex-représentant. »

Et pourquoi de rude semonce! Je n'avais que des compliments et des remercîments à faire à ce brave ami. Depuis ce temps, loin l'un de l'autre, nous n'avons cessé de correspondre, et, plus rapprochés, nous n'avons cessé de nous faire de fréquentes visites. Il y a dans le *Livre du Compagnonnage* huit chansons du tailleur de pierre Escolle; trois dans le tome 1, cinq dans le tome 2 ; et maintenant il ne cesse de me seconder pour cette nouvelle publication.

En même temps que le Compagnon Étranger, un Compagnon du Devoir m'écrivait également à Genève, et de même aussi, il me transmettait une chanson de sa composition; c'est Bonnet, dit Lyonnais-la-Franchise, Compagnon Blancher-Chamoiseur... Cette chanson est insérée dans le tome second du *Livre du Compagnonnage*. Puis-je jamais oublier de tels amis? Mais c'est dans mes *Mémoires d'un ouvrier* que je revivrai avec tant d'excellents hommes dont la sympathie m'a suivi partout et toujours.

A. P.

## L'ALOUETTE A CHANTÉ.

**Air : Fleuve du Tage.**

L'hiver à peine
Semble s'évanouir,
Que dans la plaine
L'on voit tout reverdir.
J'entends dans leurs chaumières,
Dire à maintes bergères,
Avec gaîté :
L'alouette a chanté.

Du Tour de France,
Tiens, voilà le chemin !
Sans résistance,
Prends cette canne en main,
Mon fils, point de murmure,
Le temps de la froidure
Est écoulé :
L'alouette a chanté.

A son exemple,
Vous, jeunes aspirants,
Courez au temple
Des arts et des talents.
Déjà, près de sa belle,
Le compagnon fidèle
A répété :
L'alouette a chanté.

La froide brise,
La neige, les frimas,
Cher La Franchise,
Couvrent d'autres climats,
Avec ton bourgeois, frère,
Dis-le-moi, sois sincère,
As-tu compté ?
L'alouette a chanté.

Allons, en route,
Partons, chers Devoirants,

Plaisirs, sans doute,
Nous suivront sur les champs.
A partir qu'on s'apprête;
Le Rouleur à la tête
Est-il placé?
L'alouette a chanté.

Amis et frères,
L'auteur de ces couplets,
A nos mystères
Fut admis pour jamais.
S'il faut que je le nomme,
Mes amis, c'est Vendôme
La Clef-des-Cœurs,
Compagnon Chamoiseur.

Par PIRON, dit *Vendôme-la-Clef-des-Cœurs*,
Compagnon Blancher-Chamoiseur du Devoir.

Le *Livre du Compagnonnage* parut en octobre 1839. Le 31 janvier 1840, je reçus une lettre signée Vendôme-la-Clef-des-Cœurs, lettre extrêmement bien rédigée, à laquelle était joint un cahier de chansons dont le même Compagnon était l'auteur. Cet homme était célèbre parmi les Compagnons du Devoir, mais il était inconnu parmi les Compagnons du Devoir de Liberté, et, pour ma part, je l'ignorais complétement. Vendôme, auquel un Compagnon Maréchal-Ferrant avait prêté mon volume, réclamait, à propos de la chanson *l'Alouette*, que j'y avais insérée sous le nom de Jacques-le-Chambéry, Menuisier du Devoir, et qu'il revendiquait comme lui appartenant. Il profita de l'occasion pour se livrer à quelques critiques sur le *Livre du Compagnonnage*. Je répondis à Vendôme; il répliqua; je répondis de nouveau en l'invitant à me faire visite. Trois jours après, je vis entrer chez moi un homme d'une assez haute taille, bien fait, distingué dans ses manières, belle figure, de quarante-cinq ans environ, cheveux blancs et bouclés.... c'était Vendôme-la-Clef-des-Cœurs. Il me dit en me pressant la main : « Vous avez entrepris une œuvre bien grande et bien « pénible... J'eusse reculé devant une telle mission. Main- « tenant je vous engage à continuer, à ne vous lasser jamais; « je ferai tout ce qui dépendra de moi pour vous seconder. » Nous voilà assis près l'un de l'autre; nous causâmes longtemps, et nous nous séparâmes liés d'amitié et d'intentions.

Vendôme avait vécu dans les temps de luttes, il avait parfois chanté la guerre, il allait maintenant chanter la paix et la fraternité entre tous les Devoirs. Il m'apporta successivement les chants que voici : *A l'amitié*, *l'Ordre du jour des Compagnons*, les *Conseils de la raison*, les *Sobriquets*, *Moi*. Il travaillait avec un rare entrain. Il m'apporta enfin son *Voyage dans l'autre monde*. Ce fut sa dernière chanson ; huit jours après il était mort... Un épanchement au cœur l'avait emporté. J'avais perdu un ferme appui, et je le regrettai vivement.

Il y a dans le *Livre du Compagnonnage* treize chansons de Vendôme, cinq dans le tome 1 et huit dans le tome 2. Celles-ci sont ses dernières, les plus progressives et, le dirai-je, les mieux pensées et les mieux écrites ; enfin les plus intéressantes. Il y a aussi dans ce tome les quatre lettres que nous nous étions écrites et qui amenèrent notre entrevue.

Après la mort de Vendôme, les Compagnons Blanchers-Chamoiseurs ont publié les chansons de ce poète si gai, si gracieux, si philosophe..... Je lui ferai quelques emprunts pour *le Chansonnier du Tour de France* ; je suis assuré d'avance que tous les Compagnons m'en sauront gré.

La mort de Vendôme-la-Clef-des-Cœurs a été chantée par Guépin-l'Aimable, par Bien-Décidé-le-Briard, par Parisien-Bien-Aimé, par l'Estimable-le-Provençal et par d'autres Compagnons.

A. P.

---

## LE SECRET DE LA FRATERNITÉ.

AIR : Si vraiment le bien vient en dormant.

Devoir sacré, si c'est toi qui m'inspire,
De l'amitié offre-moi le tableau,
Fais résonner les cordes de ma lyre,
Éclaire-moi de ton divin flambeau.
Loin des méchants et des plaisirs frivoles,
Loin du parjure et loin des indiscrets,
Ah ! laisse-moi chanter à ton école
Le secret de la fraternité. (*bis* 3 fois.)

J'avais quinze ans, lorsqu'en apprentissage,
Pour le Devoir déjà battait mon cœur ;

J'avais seize ans, que du Compagnonnage
Je désirais connaître la valeur;
J'avais vingt ans alors que la lumière
Sur moi fixa ses rayons enchantés...
Là je conçus, pénétrant le mystère.
Le secret de la fraternité. (*bis* 3 fois.)

Dans le manoir où règne la justice
Des yeux d'argus veillent incessamment,
La vérité pénètre l'artifice
Et les vertus y purgent les méchants.
Dans le manoir où les sages pénètrent,
Il faut avoir talent et probité,
Ou pour jamais renoncer à connaître
Le secret de la fraternité. (*bis* 3 fois.)

Fameux savants que la Grèce a vus naître,
Fameux Romains, vainqueurs des vieux Gaulois,
Du monde entier vous qui fûtes les maîtres,
Que n'avez-vous conservé tous vos droits!
Dans le néant le temps sut vous conduire,
De vos grandeurs le sceptre s'est brisé;
Mais du Devoir rien ne saura séduire
Le secret de la fraternité. (*bis* 3 fois.)

C'est le travail, vous le savez, mes frères,
Qui de nos lois fut le premier soutien,
Et la vertu, au noble caractère,
De nos secrets fut l'unique maintien.
Né dans Agen, surnommé La-Victoire,
Amis, l'auteur promet avec fierté
De conserver toujours dans sa mémoire
Le secret de la fraternité. (*bis* 3 fois.)

Par *Agenais-la-Victoire*,
Compagnon Tanneur et Corroyeur du Devoir.

---

## APPELEZ-MOI, JE REVIENDRAI.

AIR : Oiseau sacré de la patrie.

Le ciel est pur, l'aurore est belle,
Compagnons, il faut voyager...
Car dans mon pays tout m'appelle!

Hélas! il faut nous séparer. (*bis.*)
Quoique éloigné du Tour de France
Si l'urgence le commandait,
Et qu'il fallût payer de ma présence,
Appelez-moi, je reviendrai. (*bis.*)

Quand je serai dans mon village,
Auprès de mes tendres parents;
Là je goûterai l'avantage
D'être un sincère Devoirant. (*bis.*)
Mais, quoique étant près de mon père,
Et de celle que j'aimerai,
Si le Devoir me veut sous sa bannière,
Appelez-moi, je reviendrai. (*bis.*)

Si le cœur de celle que j'aime,
Bat près du mien à l'unisson,
J'implorerai l'Etre suprême
De me donner un rejeton. (*bis.*)
Tout ce que la vertu commande,
Frères, je le lui dépeindrai.
Si néanmoins le Devoir me demande,
Appelez-moi, je reviendrai. (*bis.*)

Et si le destin me le laisse,
Si je le vois à quatorze ans,
Je cultiverai sa jeunesse,
Il connaîtra les vrais talents. (*bis.*)
A seize ans, pour moi quel délice!
Sur les champs je le conduirai,
Et moi, dès lors, si je vous suis propice,
Appelez-moi, je reviendrai. (*bis.*)

Oh! que ce jour est mémorable,
Pour l'homme juste et vertueux!
Cher Compagnons, de l'*Estimable*
Recevez les derniers adieux. (*bis.*)
Si, bien loin de ce qu'il adore,
Votre Devoir le demandait,
Il vous l'a dit, il le répète encore:
Appelez-moi, je reviendrai. (*bis.*)

Par Collomp, dit l'*Estimable-le-Provençal*,
Compagnon Cordier du Devoir.

Il y a dans le tome 2 du *Livre du Compagnonnage* une chanson de l'Estimable-le-Provençal. Cet homme m'a donné de ses nouvelles quand j'étais loin de la France, il a voulu recevoir des miennes, sa sympathie ne m'a jamais fait défaut ; c'est un bon, c'est un noble cœur ; je ne puis l'oublier.

A. P.

---

## LES COMPAGNONS DU DEVOIR.

AIR du chant des paysans (de Dupont).

En cheminant au Tour de France,
La gourde pleine et sac au dos,
On nous voit braver la souffrance ;
La gaîté calme tous les maux.
Le soir près de nous l'on s'empresse,
Chacun vient fêter l'arrivant;
Craignant un péché de paresse,
Le Rouleur dit en bon vivant :

A la santé de notre Mère,
De notre auguste fondateur!
A l'Eternel une prière...
Cela nous portera bonheur.

Depuis que la raison nous guide,
Nous ne formons plus qu'un faisceau;
Le paria, longtemps avide,
A passé sous notre drapeau.
Bons-Enfants du Compagnonnage,
Venez à la communion :
Le pain, le vin et le fromage
Cimenteront notre union.

A la santé, etc.

Victimes de la barbarie,
Nos aïeux d'un courage égal
Trouvaient dans mainte batterie
Ou la prison, ou l'hôpital.
LA-VERTU, bonne conseillère,
A su nous dessiller les yeux.
Les procès et le cimetière

Coûtent plus qu'un refrain joyeux.
A la santé, etc.

Accourez, puissants de la terre!
Venez goûter le vrai bonheur...
Chacun de vous devient un frère,
Serrant la main du travailleur.
Loin de nous la haine et l'envie,
L'ambition... et le chagrin.
Pour en préserver votre vie,
Vous chanterez ce gai refrain :
A la santé, etc.

Sans faire de palinodie,
La vie a bien ses défaveurs :
Le chômage et la maladie
Mangent le fruit de nos labeurs.
Au ciel serein c'est un nuage,
Qu'un vent bientôt anéantit ;
Reviennent la santé, l'ouvrage,
Oubliant tout chacun se dit :
A la santé, etc.

Le temps, par qui tout se consume,
A vu naître bien des abus ;
La liberté, que l'on exhume,
Sera le règne des vertus.
Saluons cette nouvelle ère,
Même en dépit de tout cafard;
Quand nous trinquons à notre Mère,
Que tous les progrès aient leur part.
A la santé de notre Mère, etc.

Par Morin, dit *l'Ile-de-France-la-Belle-Conduite*,
Compagnon Cordonnier-Bottier du Devoir.

Il y a dans le tome premier du *Livre du Compagnonnage* une chanson de l'Ile-de-France-la-Belle-Conduite. A. P.

---

## SAINT-PIERRE.

O vous, Compagnons honnêtes,
Un moment de votre attention :
Puisque chacun de vous souhaite

Que je lui chante une chanson,
Chanson depuis peu composée
Avec justice; avec raison;
C'est saint Pierre qui l'a dictée
Aux Compagnons, aux Compagnons. (*bis.*)

Saint Pierre, jour de notre fête,
Nous le célébrons avec grandeur,
Comme étant Compagnons honnêtes,
Portant le secret dans nos cœurs.
Nous assistons au saint office,
Avec cet esprit d'union,
Afin que le ciel soit propice
Aux Compagnons, aux Compagnons. (*bis.*)

Souvent ce jour nous occasionne
De faire des réceptions;
Qu'il est doux pour une personne
D'entrer en si belle union!
Rien n'est si beau dessus la terre
Que voir briller si beaux rayons...
Non, non, ne faites plus la guerre
Aux Compagnons, aux Compagnons. (*bis.*)

Souvent dans la même famille
On voit bons et mauvais enfants;
La chose serait très possible
Qu'on vît de mauvais Devoirants.
Alors, amis, quelle disgrâce
Pour eux, quelle désolation,
D'être chassés du Tour de France
Des Compagnons, des Compagnons. (*bis.*)

O vous qui n'aimez pas entendre
Sonner le nom de Compagnon;
Cette chanson vous fait comprendre
Votre erreur, votre prévention.
L'auteur est né dans la Provence,
Porte le nom de Sans-Façon,
Il chante avec le Tour de France
Les Compagnons, les Compagnons. (*bis.*)

Par *Provençal-Sans-Façon*,
Compagnon Bourrelier du Devoir

# TABLE DES MATIÈRES



FIN DU CAHIER N° 2.


Typographie Ve Lacour, rue Soufflot, 18.

# AVIS

Trois feuilles lithographiées, représentant 30 Compagnons, 10 chacune, avec les cannes en mains et les couleurs au côté, au cou ou au chapeau, le tout bien colorié à l'endroit des rubans, et bien disposé, viennent de paraître. Voici le détail de ces trois feuilles, qui portent pour titre : Le COMPAGNONNAGE ILLUSTRÉ.

1re FEUILLE :

Tailleur de pierre étranger ; — Menuisier de Liberté ; — Premier Compagnon des Menuisiers de Liberté ; — Serrurier de Liberté, secrétaire ; — Tailleur de pierre passant ; — Menuisier du Devoir ; — Serrurier, id. ; — Charpentier, id — Charpentier de Liberté ; — Blancher-Chamoiseur du Devoir, retour de Sainte-Baume ; c'est le portrait de Vendôme-la-Clef-des-Cœurs.

2me FEUILLE :

Chapelier du Devoir ; — Tanneur et Corroyeur id. ; — Cordier id. ; — Cordier id., tenue d'enterrement ; — Maréchal-ferrant ; — Forgeron, ancienne tenue ; — Cloutier ; — Cloutier, ancienne tenue d'enterrement ; — Sabotier ; — Boulanger.

3me FEUILLE :

Fondeur Du Devoir ; — Poêlier, id. ; — Coutelier ; — Ferblantier ; — Tisseur-Ferrandinier ; — Doleur ; — Tonnelier de Liberté ; — Couvreur du Devoir ; — Tailleur de Pierre de l'Union ; — Tondeur de drap du Devoir.

**Prix de chaque feuille : 1 fr. 50 c.**

J'expédierai *franco*, par toute la France et l'Algérie, à tous ceux qui enverront le prix de dix feuilles au moins. Les autres devront ajouter en plus 25 centimes par feuille.

S'adresser à AGRICOL PERDIGUIER, rue Traversière, 38, Paris.

# AGRICOL PERDIGUIER

EST L'AUTEUR DES OUVRAGES SUIVANTS, QUE L'ON TROUVE A SA LIBRAIRIE :

**Le Livre du Compagnonnage**, 3me édition, 2 vol. 3 50

**Mémoire d'un Compagnon**, 2 vol. . . . . . . . . . . . 3

**Histoire d'une scission dans le Compagnonnage**, 1 vol. . . . . . . . . . . . . . . . . . . . . . . . . 1

**Biographie de l'auteur du livre du Compagnonnage**, 1 vol. . . . . . . . . . . . . . . . . . . . . . 1

**Le Chansonnier du Tour de France**, chaque cahier. . . . . . . . . . . . . . . . . . . . . . . . . . . . 30

**Le Compagnonnage illustré**, gravures, chacune 1 50

**Maître Adam**, dialogue, brochure. . . . . . . . . . . 30

**Statistique du Salaire des ouvriers et ouvrières** (épuisé).

## DU MÊME AUTEUR :

**Histoire démocratique des peuples anciens**, depuis les premiers temps jusqu'à Jésus-Christ, 12 volumes à 1 fr. 25 cent. chacun.

ONT PARU :

Hébreux, Assyriens. . . . . . . . . . . . . . . . . . . 1 volume.
Ethiopiens, Egyptiens, suite des Hébreux, Grecs . 1
Chinois, Indiens, Perses et Grecs, Grecs. . . . . 1
Grecs. . . . . . . . . . . . . . . . . . . . . . . . . . . . 3
Siciliens, Grecs d'Italie, Carthaginois. . . . . . 1

RESTE A PARAITRE :

Romains. . . . . . . . . . . . . . . . . . . . . . . . . — 3
Complément (mœurs, considérations, etc.). . . — 2

Pour recevoir franco par la poste, ajouter au prix d'achat 25 cent. par volume, et pour chaque cahier du *Chansonnier du Tour de France* 5 centimes seulement. Cependant, tout ouvrage dont on demandera et soldera au moins dix exemplaires à la fois sera envoyé aux frais de l'éditeur.

PARIS. — Typ. Ve LACOUR, rue Soufflot, 18.

Paris novembre 1857

Monsieur

Il y a trente quatre ans que j'ai commencé ma mission réformatrice dans le compagnonnage ; j'ai empêché bien des combats, j'ai épargné bien du sang, et cependant il me reste encore à faire. mon œuvre est longue, pénible, ingrate ; j'éprouve des moments de dégoût, mais je me relève ensuite, animé d'une nouvelle ardeur. J'ai remué des cœurs, des cerveaux, des pensées, et maintenant, compagnons des sociétés les plus opposées, nous unissons nos voix, et nous chantons tous ensemble l'humanité et la fraternité. Je vous adresse les cahiers mis au jour. sans doute, les règles de la versification ont quelquefois à souffrir, mais pensez que mes collaborateurs sont des ouvriers, presque tous vivant au jour le jour d'un travail manuel, et voyez, dans leurs compositions, avant tout l'idée, l'intention, le but, l'effet qu'elles peuvent produire sur les travailleurs, et daignez les encourager un peu si la chose vous paraît possible.

oui, il y a trente quatre ans que je poursuis la même œuvre de réforme ... je ne parle pas de mes ennuis, de mes peines, on peut les supposer, et un peu d'appui me serait bien doux ... mon entreprise même en recevrait une nouvelle impulsion. puissiez-vous, monsieur, m'être sympathique, et m'en donner un témoignage. je vous dis merci par avance.

recevez, monsieur, l'assurance de ma parfaite considération.

agricol Perdiguier.

rue traversière 38.

www.ingramcontent.com/pod-product-compliance
Lightning Source LLC
LaVergne TN
LVHW082354160826
845678LV00008B/1843

* 9 7 8 2 3 2 9 7 4 1 2 6 0 *